神の秘められた計画

福音の再考 — 途上での省察と証言

後藤 敏夫【著】

神は、わたしの福音すなわちイエス・キリストについての宣教によって、あなたがたを強めることがおできになります。この福音は、世々にわたって隠されていた、秘められた計画を啓示するものです。その計画は今や現されて、永遠の神の命令のままに、預言者たちの書き物を通して、信仰による従順に導くため、すべての異邦人に知られるようになりました。この知恵ある唯一の神に、イエス・キリストを通して栄光が世々限りなくありますように、アーメン。

——ローマの信徒への手紙一六章二五～二七節（新共同訳）

序に代えて——私の立ち位置について——

この本をお読みくださる方々に、これまでの私のキリスト者としての歩みと、現在の生活や立ち位置を知っていただくことによって、旅の途上にある筆者の語りや装束を理解していただきたいと思います。

私は高校生の時にアメリカ人宣教師に導かれて、神学的にも政治的にも保守的な根本主義の背景を持つ福音派の教会で、イエス様を自分の個人的な救い主として信じました。聖書信仰に立つ福音主義の神学校を卒業後は、三五年間、首都圏を中心に福音派の教会の牧師として奉仕しました。その間の五年間、日本で戦前からの歴史がある福音派の韓国人教会で働きました。

私はいわゆる団塊の世代に属し、一九六〇年代後半から七〇年代初頭の政治の季節に青春時代を送り、そこで大人になりました。私が育まれた保守的なキリスト教と、キリスト者として私が歩んだ時代や社会、そして人との出会いから問われたこととの間での葛藤や信仰の旅は、いのちのことば社のライフブックレット『終末を生きる神の民』（一九九〇年／改訂新版二〇〇七年）に書きました。一九九二年に同志三人で始めた出版社「あめんどう」から出したヘンリ・ナウエン著『イエスの御名で』も私の歩みにとって重要なきっかけになった書物です。ナウエンの本を翻訳した背景には、そこに書かれているのとは正反対とも言える韓国人教会での体験がありました。しかし、在日コリアンとの主にある交わりから私の心に新しい弦《いと》がはられ、その琴線は今も感謝と愛に震えます。

私は六二歳のときに牧師を辞して、二〇一一年から二〇一六年までの五年間、妻とともに北海道余市町にある恵泉塾という、キリスト教信仰に基づく生活共同体で暮らし、今はそこから派遣されて千葉県四街道市の住宅地で小さな恵泉塾を営んでいます。

私ども夫婦が恵泉塾に導かれた直接のきっかけは、次男が心を病んだことにあります。しかしそれだけでなく、牧師として向き合わされた深く病んだ日本社会の現実と、私自身と制度的教会の限界、とりわけ短期間ですが私がうつ病になったことや、妻がくも膜下出血で倒れたことも要因や契機になっています。またそれは『終末を生きる神の民』に書いた私なりの神学的認識や、『イエスの御名で』に書かれている霊性を、観念や理念ではなく、自分の身体的な歩みとする決断でもありました。決断と言うのは少し大袈裟で、むしろ周囲の状況も私の心身もそうするしかないようになっていったと言うほうがよりふさわしいかもしれません。すべては「あなたはわたしを愛するか」と問われるお方の導きです。

恵泉塾は、一九九五年、水谷幹夫先生[1]が高校教師を辞して、余市町の山間に家屋と果樹園や畑を購入し、文字どおり無一文になり、古い日本家屋に、ご夫婦と子ども四人で移り住み、そこに心を病んだ数組の親子を迎えて始めた生活共同体です。現在、心を病んだ人々や今の社会に生きづらさを感じている人々を中心に七〇名ほどのメンバーが共に暮らし、山林を含めて一五万坪の敷地で、農業だけでなく、訪問看護／介護センター、ホスピス、木工所、ベーカリー、コーヒーショップ、出版部門等をも営んでいます。その働きは、南は沖縄の日本全国、そしてアメリカ（ニューヨーク）、中国（大連）にまで広がっています。

水谷先生の信仰的背景は無教会ですが、聖霊体験を強調することによって無教会の主流からは異端視された小池辰雄の「召団」の流れを継承しています。惠泉塾という生活共同体は、全国に一二の群れとして設立された「召団」のひとつで、水谷先生を牧者とする札幌キリスト召団の信仰の体現です。その信仰の特徴は、無教会的な聖書主義と福音主義に基づきながら次の三点にある、と私は理解しています。

一　信仰は人間の実利のためにあるのではなく、ただ神のためにあるということの徹底的な強調と信従の実践。

二　私たちが罪を赦され義とされた目的は、「異なる者がキリストにあって互いに愛し合ってひとつになる」（パウロの言う「ミュステーリオン」、新共同訳「神の秘められた計画」、新改訳「奥義」の内実）ことにあるという終末論的な救済の理解。

三　信仰を観念的に考えるのではなく、自分を捨てて隣人を愛することを生活において実践する信仰共同体を形成し、この終わりの時代と社会をとりなして生きる祈りの家となること。

ほかにも聖礼典を行わない無教会を背景に持ちながら、洗礼と聖餐を大切にする教会形成をしていることも特徴的なことです。余市惠泉塾では毎主日、愛餐と聖餐が行われ、食卓の交わりは礼拝式の一部に位置づけられています。そこで私は教職としての立場があるわけでなく、ひとりの生活者であり献身者です。余市に行く際に、牧会や説教をしてきた自分というものを一旦まったく土に埋め、お百姓さん見習いとして鍬やスコップを持ち、塾生たちといっしょに働こうと決心しました。神様の召しと賜物が変わることがないとすれば、そういう自分の身体からおのずと新しい芽が出るだろうと思いました。余市での五年間は、説教をするのは年に数度で、ほぼ農作業と動物飼育（そして除雪！）の日々でした。

ただ、私にとっては、そういう生活もまた「神学する」という旅路の地平にあり、献身者としての自分の召しを生きるということでもありました。とりわけ、まったく異なる信仰的伝統や系譜にある水谷先生に間近に触れながら、その捨て身とも言うべき生き方と、全実存を傾けて語られる福音を通して、自分を愛と従順に促す新しいいのちを見いだしています。それは聖書の読み方や生活において、批判的にもがきながら自分が変わるということでもあります。

正しい意味で批判的であるということは、自分が属する伝統や自分自身の偏向をも限界の中で意識しながら、相手や対象をできるだけ裸眼で知っていくなかで、自分をも客体化して批判的に知ることであり――できれば、それをただ情報や知識の言葉によってではなく、生活や交わりにおいて人格的にまた身体的に知ることであり――ただ頭で考え、自分の「思うべき限度を越えて」（ローマ一二・三）口先で悪口を言うことではありません。人は他者を批評することにおいて、自分自身の無知や愚かさをあらわにします。今キリスト教界には「無意味な詮索」（Ⅰテモテ一・四、新共同訳）や「無益な議論」（Ⅰテモテ一・六）が横行しています。私たちは――とりわけ私たち教師は（ヤコブ三・一以下）――「その口にするあらゆるむだなことばについて、さばきの日には言い開きをしなければなりません」（マタイ一二・三六）というイエス様の言葉を心に刻みたいと思います。「だれもがみな自分自身のことを求めるだけで、キリスト・イエスのことを求めてはいません」（ピリピ二・二一）という御言葉を、知的関心という興味や好奇心の領域をも含んで全身で受けとめています。

恵泉塾にあって、私は福音派としての自分に自覚的です。(2) 聖書学や神学の流儀や作法において福音派であるだけでなく、福音派教会の牧師として人の永遠に関わって語ってきたことにも誠実でありたいのです。たとえ私が現在の福音派のある傾向に批判的であったとしても、それは他者に対するよりもまず何よりも自分に対する批判です。そこで自分が信じて歩んできた教え、そして自分の内に今も生きている信仰や霊性の伝統や文化（サブカルチャーを含めて）を曖昧にしないで、きちんと向き合いたいと思うのです。まるで自分には関係がないかのように、現在の立場から「福音派は……」というような言い方をして、自分自身や牧師として自分が仕えた愛する兄弟姉妹に嘘をつきたくはありません。

余市恵泉塾で生活するようになってからブログを始めました[3]。周囲にコンビニひとつない山里に住んで、世間に向けて開かれた心の窓や交わりの庭のようなつもりでした。牧師を辞めて、団体の責任ある立場もなくなり、持ちつ持たれつといった関係のしがらみがなくなりました。本書の内容はほとんどすでにブログで公にした文章ですが、今の私が少しは思い切ったことを書くとしても、それは自分で労したわけではない信仰共同体でその果実を食べて生活しているという、今の私の立ち位置が可能にしていることです。私はいつも、この複雑な社会で、牧会の現場で苦闘している同労者たちのことを想っています。

今の時代、私たちは降りることのできないジェットコースターに乗っているかのように、高度消費文明に信仰と生活を絡みとられて生きています。伝道のための魅力的なイベントも、メッセージグルメのような聴衆に美味しさを求められる説教も、神学的な議論や出版物でさえも、どこか流行の中で消費されているように私には思われます。豊かさの中で深く病んだこの時代と社会において、今求められているのは、私たちクリスチャンが悔い改めて生き方や価値観を変えて、生活の中で福音に啓示された神様のみこころを生きることではないでしょうか。

キリスト教は本来、理念や観念ではなく、信者の共同体の生き方でした。ただおひとり御父への「道」であられるお方とともに（ヨハネ一四・六）、神の国に向かって共に歩む「道」でした（使徒九・二、一九・九、二三、二二・四、二四・二二等）。初代教会の宣教の言葉は、「向きを変えてキリストを信じ、罪を赦され、世の隔ての壁を越えて新しい神の民（共同体）に加わり、新天新地に向かい愛し合う道を旅しよう」というものでした。主は「救われる人々を日々仲間に加え一つにされた」（使徒二・四七、新共同訳）のです。ユダヤの民が紅海を渡る恵みのバプテスマによって古い契約を結んだように、イエス様の死と復活にあずかるバプテスマは、新しい出エジプト、新しい創造、新しい戒めによる民の契約の更新でした。

この福音を証しするためには、教会がキリストの愛に根ざし、この世の価値観に対峙して生きる愛の共同体にされる必要があります（エペソ三・一七）。その目的のために神様は繰り返し、時代の荒野に預言者的な人物を起こし、特定の意図を持った生活共同体を造られることを教会の歴史は語っています[4]。この時代における神の国の前進のためには、私が奉仕してきたような制度的な地域教会と、今私が生活しているような特定の意図を持った生活共同体の双方が――宣教の役割分担ということではなく――キリストにあって、車の両輪のように働くことが必要だと思います。私は微力ながらその架け橋になることを願っています。そのためには、その両輪の間にシャフトのように身を横たえて、風が渡るなかで神学し、自分自身がキリストの福音にふさわしい者に変えられていく必要があります。

本書はその途上での自己との対話的証言であり、北の大地からのツイートのまとめです。神学的な議論を尽くして何らかの回答を提示することを意図したものではありませんし、そのような用意も私にはありません。本書には恵泉塾や札幌キリスト召団、また水谷幹夫先生の名前が頻出します。それは、今そこで仲間と共に御言葉に聴き、共に祈りながら、愛と信従への道を歩んでいるあくまで私の側における必然です。余市恵泉塾での生活と働きに余生を献げるつもりで北の大地に旅装を解いた私は、そこでその生活共同体を生み出した「札幌キリスト召団の福音」、すなわち徹底してその福音を生きる水谷幹夫先生という存在に向き合わざるを得ませんでした。

恵泉塾という辺境の生活共同体で書き語られた個人的な覚え書のような文章を、広く旅の仲間へ語りかける書物にすることがふさわしいかどうか確信はありません。ただ本書は決して特定の群れの宣伝を目的としたり、筆者にとって牧者である群れの指導者について、分を越えて論じ、その人への賞賛や評価を意図したりしたものではありません。読者の皆さんにそのことを理解していただけると幸いです。

第Ⅰ部と第Ⅱ部の末尾につけられた「註」は、談話室での対話のための補足説明と個人的なつぶやきのようなものです。煩わしい方は本文のみをお読みください。敬愛する井上良雄先生の葬儀で、夫人が語られた挨拶の言葉が、今もいよいよ私の心に語りかけます。

「故人は、自分の生きざまから分離された客観的な事柄には、関心がもてない人でした。それ故、故人の行動はいつも、主への信仰告白としてなされていると、私は感じていました。」(井上綾子「共に歩んだ日々」より)(5)

（1）恩師小池辰雄の命名になる水谷惠信としても知られていますが、二〇一三年の引退後、水谷幹夫という本名に戻りました。本書では第Ⅲ部「証言」の一部を除いて現在使われている本名を用います。

（2）福音派は多様化しており、その呼称で各自がイメージするところは異なります。本書では広く伝統的な呼称として用い、その定義を目的とはしません。

（3）「どこかに泉が湧くように」（http://spring496.blog.fc2.com/）

（4）惠泉塾の機関誌『波止場便り』（文泉書院）に「キリスト教生活共同体の歴史」（理論篇／実践篇）を連載中です。

（5）『時の徴』特別号、一〇七、一〇八頁、「井上良雄先生への感謝と想い出」（二〇〇五年、六月）所収。

＊本書における聖書の引用は、原則として「新改訳聖書」に拠ります。第Ⅱ部に関しては、主題と講演の際の聴衆との関係から「新共同訳聖書」に拠り、表記等も新共同訳を用いました。ただし、弟子の名前は普段使い慣れた表記に従いました（例＝「ペトロ」は「ペテロ」、「フィリポ」は「ピリポ」等）。また「岩波訳」は、荒井献・佐藤研責任編集『新約聖書』（岩波書店）を指します。

目次

表紙　水彩絵「美しい庭」
裏表紙　版画「ヤギと風」
作＝竹内凪沙

第Ⅰ部　福音の再考——余市豊丘の生活共同体で——

もはや時がない。第七の天使がラッパを吹くとき、神の秘められた計画が成就する。それは、神が御自分の僕である預言者たちに良い知らせとして告げられたとおりである。

——ヨハネの黙示録一〇章六〜七節（新共同訳）

はじめに

都心での牧会の生活から北の大地への移動は、私ども夫婦にとって余市恵泉塾という生活共同体への新たな召し出しを生きるということでした。それはまた、自分とは伝統や背景が異なる札幌キリスト召団が宣べ伝える福音と信仰に真正面から向き合うことでもありました。それは新しく遣わされた地で信従に生きるための必然でした(1)。余市恵泉塾に移り住んでほぼ二年後、機関誌『波止場便り』(一二三号)に、「札幌キリスト召団の福音とは何か?」というテーマで私見を書く機会が与えられました。講演のかたちに稿を新たにして、私が育てられた「福音派の福音」について再考してみたいと思います(2)。

＊　＊　＊

きょうは、このように私の主にある現在の信仰と思いをお分かちする機会が与えられたことをたいへん感謝しております。二〇一一年に牧師を辞して、北海道の余市町の山間にある恵泉塾という生活共同体に移り住みました。北の大地で五年間、心の病や様々な障がいなどで、今の社会に生きづらさを感じている人たちやその家族、そこで生きるクリスチャンの仲間たちとともに、お百姓さんの真似事のようなことをして暮らしました。

恵泉塾という生活共同体は、無教会の流れにある札幌キリスト召団の信仰の体現です。内村鑑三の弟子のひとりであった小池辰雄という人がいます。その人がご自分の弟子たちによって全国に一二の「召団」（エクレシア）を創ったのですが、札幌キリスト召団はそのひとつで、水谷幹夫先生を指導者とする群れです。小池辰雄はドイツ文学者で、東大の教授や獨協大学の教授を務めた人ですが、信仰者としては「神の幕屋」の手島郁郎との出会いによる聖霊体験の強調のゆえに、無教会の主流からは異端視された人です。旧約学者の関根正雄なども、知性に偏重しがちな無教会に飽き足らなかったのか、同じ時期に「神の幕屋」に近づいていますね。関根正雄は、後に体験主義に嫌気がさし、そこから離れます。ちなみに、水谷先生は小池辰雄と同じように聖霊体験の大切さを強調しますが、「神の幕屋」にはとても批判的です。[3] 私は恵泉塾に来て、『無者キリスト』（河出書房新社）のような小池辰雄の著作を初めて読みました。詩人の魂を持った熱情の人で、深い実存的な体験に貫かれた信仰者の霊的気迫が伝わる書物です。その意味では水谷先生は小池辰雄の信仰と霊性の最も正統な継承者であると言えると思います。

恵泉塾で「召団の福音」[4]と呼ばれるものがあります。私の理解ではそれは「水谷幹夫の福音」であると言えます。これはどちらも一般教会ではなじみにくい表現です。私たちにはただ「イエス・キリストの福音」があるのみです。しかし、パウロも「私の福音」（ローマ二・一六、Ⅱテモテ二・八）という言い方をします。そこにおける「の」は「〔私〕の宣べ伝えている」という意味です。と同時に、その時代においてパウロに託された福音宣教の内実と独自性とも関わっています。私がこれから「召団の福音」とか「水谷幹夫の福音」と言う場合、それと同じ意味だとご理解ください。

またそこには無教会の伝統に立つ群れの性格もあります。通常、教団・教派に属する教会に限らず、それなりの歴史があれば、単立教会であっても、一般の教会はそれぞれの伝統につながる文言化された信仰告白や教会規則、それに拠って立つ組織や制度に主なアイデンティティを持ちます。ある意味でそれが教会の健全性や安定にもつながっています。それに対して無教会的な群れは、組織や規則よりも神の宣教を生きる指導者の求心力と、その人の信仰と人格の遠心力から生じる運動のいのちによって存在します。そういう指導者の人格的影響力と強い師弟関係を基盤とするところが無教会の生命力であり、改革的な力です。と同時に、そこに無教会の限界や世代を越えた信仰継承の難しさもあります。

これから「召団の福音」とか「水谷幹夫の福音」という誤解を生じやすい表現をあえて使いますが、そこにはパウロが「私の福音」と語る意味と同時に、そういう無教会的群れの性格と、その群れが独自の使信において時代の中で果たす役割をも意識しているということをご理解ください[5]。

自分の牧師である人について批評めいたことを言うのは慎まなければなりませんが、このお話では先生ご自身にも皆さんにも少しくご寛恕をお願いしなければなりません。人はだれもが自分の物差しで他者を測りますが、先生に身近に接して私などにはとうていわきまえられないという思いを強くされています（参照、Ⅰコリント二・一五）。水谷幹夫先生は、信仰、霊性、気質、あらゆる意味で私とは違う人です。札幌キリスト召団や恵泉塾は、信仰の文化も組織の秩序も、私が牧師として仕えてきた教会とは正反対です。表面的に見れば、私が講壇から批判してきたようなキリスト教だとも言えます。もし自分に関わりのないただの情報として聞けば、おそらく強く批判しただろうと思います。しかし、自分で計画したのではない、主に導かれて五年間、私はそこで生活し、その指導者や生活共同体の交わりに働くいのちを、この耳で聞き、目で見、じっと見、また手で触りました。それは文字どおりキリストのからだに、「いのちのことば」に触るという身体的な信仰の体験です（参照、Ⅰヨハネ一・一）。

信仰の背景や文化は――良い悪いということではなく不可避的に――豹の斑点のように自分に染みついているものです。それは、私の思考の慣わしや、ものの見方や感じ方になっています。そういう意味では、北の大地での五年間で私は葛藤と変化を経験しなければなりませんでした。聖書に言われているように、真に知るということ、理解するということは、全人格的なこと、身体的なことです。その変化は書斎の机上でのことではなく、早朝二時間の聖書の学びと交わりに始まり、共に食事を作り、共に作業をするという、今に続く私にはあり得なかった生活における変化と結びついています。それはまたひとつの時熟に至る過程でもあります。短期の接触や情報によることではありません。この五年間で私は少しは知る者、理解する者になりました。しかし、五年は知ったつもりになりやすい年月でもあります。「なぜそうなのか」という、自分自身と認識の対象への新たな問いに向かわせる時でもあります。いずれにしても、そこでなくてはならないものは愛と信頼であり、この五年間は、愛と信頼、そして共感と心からの従順を学ぶ時でもありました(6)。

時代を動かすような父性を持った大きな存在がいなくなりました。ラルシュ・コミュニティーを創ったジャン・バニエがどこかで、コミュニティーにおける父性的存在の大切さを語っていました。現代の多くのコミュニティーが父性的存在を欠いているというのです。バニエ自身も柔和でありつつ、とても父性的な人です。権威を振り回すだけの偽教師は、愛のない横暴な父性で支配しようとします。それは偽りの父性です。人は愛することが面倒なので権威をもって支配しようとするのですから、上に立つ権威と、どこまでも低く仕える愛が結びつくということは奇跡です。私はこの五年間、そのような聖霊の奇跡に向き合ってきました。

そういう人の信仰と説教の言葉を自分なりの認識で語るためには、熱いマグマを私という不純物を含んだ冷えた火成岩にするような貧しい理念の言葉によらなければなりません[7]。これからお話しすることは、恵泉塾で「召団の福音」に向き合わされ、それを全身で受けとめて、主にあって愛と信従に生きるための、あくまでも自己との対話です。今の私の心身から出づる言葉を、愛する福音派の皆さんへの語りかけとして聞いていただければ幸いです。

1 「召団の福音」への共感とアーメン

「召団の福音」において強調されることが二つあります。一つは、欲望（貪欲）に生きる自分に死んで、実生活においてキリストにある捨て身の愛に生きるという、ただひたすら実践的な信従だけが求められるということです。このことは実に徹底していて、個人の満足や喜びを追い求める信仰、生活のない理論や観念だけの信仰、愛の実践が伴わない頭でっかちの信仰は、恵泉塾では厳しく戒められます。そういうあり方が目ざすところは、個人的な敬虔の追求や涵養ではなく、「異なる者がキリストにあって互いに愛し合ってひとつになる」というきわめて実践的な生き方であり、それが、私たちが造られ、罪から救われた目的であり、愛とは、相手が相手らしく成熟して花を咲かせ実をつけるために、自分を犠牲にして隣人に仕えることだと、「召団」や恵泉塾ではただそれだけが繰り返し執拗に説かれます(8)。

「召団の福音」によれば、それがパウロの言う、天地創造以前に「キリストにおいて」（エン・クリストー）みこころのうちに定められ、教会において知らされた福音の「秘められた計画」、「奥義」です(9)。小池辰雄の信仰の中核に「エン・クリストー」（キリストにあって）があります。小池氏の「エン・クリストー」の理解は非常に垂直的です。すなわち、個人の実存的・宗教体験的にひたすら高く深いのですが、歴史的・社会的な広がりはあまり感じられません。水谷先生においては、そこで個人的な体験がより突き破られ、そこにさらに愛の交わりに生きる人間の共同性や全被造物の回復という社会的・宇宙的広がりが見られ、創造以前の永遠から新天新地における完成という歴史的展望を獲得しているように思われます。そこでは、神の天地創造の根本動機と目的のすべてを愛という一語に徹底的に収斂させ、人類救済の目的は「異なる者がキリストにあって互いに愛し合ってひとつになる」ことにあるという福音が語られます[10]。

パウロが神の「秘められた計画」（ミュステーリオン）と言うのは、まさにそのことではないでしょうか。パウロは「福音のために」鎖につながれました（エペソ六・二〇）。その「福音」は、ただユダヤ人だけでなく異邦人も救われて天国に行くということにとどまりません。その目的はユダヤ人と異邦人が、すなわち全人類が真のイスラエルであり、真の神殿であるキリストにあって互いに愛し合ってひとつになるということにあります。それがパウロが宣べ伝えた「和解／平和の福音」（エペソ二・一一以下、コロサイ一・二〇）としての「十字架のことば」（Ⅰコリント一・一八）です。そして、それはパウロだけでなく、ペテロのペンテコステ説教のメッセージの中核でもあります（使徒二章）。そのような神の国に向けて疾走するクリスチャンの生き方は、今この世において聖霊による新しい創造としてすでに始まっており、やがて新天新地において完成されます。

この理解において、私は「召団の福音」に深く共感します。そして、ただそれを書斎や講壇の営為として神学的に考え、言葉で論じるのではなく、互いに愛し合ってひとつになって生きる生活共同体をつくるために、ご自分を無にして、あらゆる犠牲の限界において捨て身で生きることを喜びとしておられる姿を身近に見て圧倒されています。

私は、教会の現実や自分自身の貧しさゆえに、まっすぐに愛を語ることに気恥ずかしいためらいを覚えるようになっていました。聖書の最も大切な教えは、神と隣人への愛にあることは言うまでもありません。愛がなければすべては空しいのです（Ⅰコリント一三・一〜三）。ですから、もちろん愛について講壇から語りました。主にある愛に赦され、生き生かされてもきました。しかし、教会においてまっすぐに愛を語ることに、自分（たち）の嘘くささや皮肉な言い訳がましさを感じるようになっていたように思うのです。そして、それはまた自己保身のためでもありました。今キリスト教界の中で多くの議論があります。その多くは聖書的な愛を動機とするよりも、人間の正しさと正しさの衝突（自己主張の争い）のように思えてなりません。終末を見つめるなかで、人間と社会の現実に働く神の愛を信じ、キリストに仕えて、この土の器を通して神の愛を流すことに生きることができれば、いわゆる信仰的背景や信仰告白の表現の違いは、御国の完成への途上にある者として小さなことに私には思えるのです[11]。

2　「召団の福音」から「福音派の福音」への問いかけ

私は、いわゆる福音派と呼ばれる教会で長く牧師をしてきました。水谷先生は無教会の信仰的系譜に属しますから、狭い意味での福音派の流れにはありません。しかし、日々の生活において御言葉を身読して、その教えを実践することを求める聖書主義、徹底した神中心の信仰と福音的信従の姿勢において、真正な福音主義の源流につながるように私には思われます[12]。実際、水谷先生には、ジョン・ウェスレーにつながるバックストンの流れのような、聖霊体験を強調する古い敬虔主義的福音派への深い共感があります。とりわけ若き求道の日々における柘植不知人（「活水の群れ」の創始者）の自伝との出会いは先生の霊的開眼において重要な意味があると聞いています[13]。

惠泉塾には、かつては福音派の教会に属していた人が少なくありません。そこで生活をしてわかったことは、それは教会では受けとめられない生活上の困窮からの具体的、現実的な助けを惠泉塾に求めて来た人々との関わりの結果であり、水谷先生がそれを意図されたわけではないということです。そういう人々の多くが惠泉塾で「召団の福音」に触れて、それまで教会では聞いたことがない福音理解を聞く驚きを持つようです。先生は、かつて伝道者として福音派を中心にして全国の諸教会を巡回したことがあります。その中で、教会で語られている聖書理解／福音理解と自分のそれとの違いに気づいたそうです。そこで結果的に先生の福音理解と生活実践の主要な対立軸のひとつが、現代の福音派キリスト教に対して生じたということがあると思います[14]。

福音派に対する水谷先生の批判は、その人間中心的・実利主義的（ご利益主義的）な福音と信仰の理解に向けられます。すなわち、信仰は「私のため」のものか「神のため」のものか、ということです。救いの福音とは、罪を赦された私（たち）が天国に行くためのものか、罪を赦された私（たち）が神の創造目的にふさわしい本来的な自己を回復して、神の喜びと栄光に生きるためのものか、ということを徹底して問います。「私のため」であること自体が否定されるのではありません。ただ「私のため」とは、救われた者として、自分の人生を好きなように生きる自己充足や自己実現のためということではありません。神に喜ばれるような自己犠牲の愛（十字架を負った人生）を生きるように、サタンの支配から買い戻されたのだというのが「召団の福音」です。この観点は、聖書を人間のご利益や精神的な満足を求める心（ヒューマニズム）からではなく、人類を愛し、人類のために犠牲を払われた神の側から読むということによっても表現されます[15]。

そういう「福音派の福音」への問いかけはまったく正当なものだと私には思われます。そしてその批判は、さらに深い神学的な問いをはらんでいます。それは「イエス様は私たちの罪のために十字架で死なれました」、「イエス様を信じれば一度限りすべての罪が赦されます」、「イエス様を信じて天国に行きましょう」という福音派の宣教の言葉が、救われた者として主イエスに従う生き方を生み出さないということです。おそらく、心ある福音派の牧師の多くが、どうすれば罪を赦され救われるかという福音を語りながら、私たちは何のために救われたのかというクリスチャンの生き方について、伝道活動の勧め以外には十分に語り得ていないもどかしさを感じているのではないでしょうか。信徒もまた伝道説教に最も恵まれるという状態から、なかなか成長できないでいるかもしれません。

これらに教理的に反論するのは容易です。聖霊によって新しく生まれ、義と認められた者は、聖化の道を歩み、やがてまったくキリストの似姿に栄化されるというのが正統的な教会の教理が教えるところだからです。しかし、現代の福音派の宣教の言葉や信徒の生き方に、はたしてその教理は活きたしるしを見いだせるでしょうか。多くのクリスチャンが、罪を赦されて救われた安心を手にして、なお日々の生活において人生の主人を代えることなく、この世の価値観を追い求め、自己追求に生きていないでしょうか。「救いは恵みにより、行いにはよらない」（エペソ二・八、九）というそれ自体は正しい福音的な教えが、「だから行いじゃないのよ」、「みんな罪人なんだから」と、教会生活や伝道には熱心であっても、日常生活においては何も変わらないクリスチャンの生き方になりがちです。聖書は、クリスチャンが神に喜ばれる「良い行い」をするように繰り返し勧めています。私たちは、神が準備された「良い行いに歩むように」救われました（エペソ二・一〇）。

ある時期、欧米の福音派で救いはイエスを主として従うことを含むか含まないかということが議論されたことがありました。どの立場に立つにしても、そういうことを聖書釈義や神学の問題として論じて、「ロードシップ・サルベーション」とか「ノンロードシップ・サルベーション」とか概念的に分類しなければならないこと自体が、「キリストにある」という単純な福音のいのちから絶望的に迷い出ているように私には思えます(16)。

福音派教会で「人間にとって救いとは何か」と問えば、カルヴァン主義やアルミニウス主義といった神学的背景の違いに関わらず、まずは「罪の赦し」という答えが返ってくるでしょう。水谷先生にそれを問えば、

「欲望の支配（自己愛）からの解放」、「欲望から愛への生き方の変換」、そして「神に造られた被造物である人間が、神から生まれた神の子になること」という答えが返ってくると思います。この二つの答えの違いを教理的な概念で整合させて語ることも、それほど難しくはありません。しかし、宣教の言葉と信仰者の生き方の現実において、この二つは大きな心身の傾きや信仰生活の重心の違いを生みます。神学の言葉で言えば、前者はローマ・カトリック教会や宗教改革につながるプロテスタント教会、すなわち西方教会に支配的な「刑罰代受説」に基づき、水谷先生の語る後者は「勝利者キリスト」という贖罪論に基づきます。

誤解のないように申しますが、このことは水谷先生にキリストは私たちの罪の身代わりに死んだという聖書的な信仰がないということではありません。そんなことはあり得ません。神学は私たちには到底とらえきれない神のいのちとその働きを、限界のある人間の言語で認識して表現するものです。「刑罰代受説」と「勝利者キリスト」のどちらが正しいかということではありません。聖書はそのどちらをも教えていますし、贖罪論にはほかにも諸説あります。その中でどの観点がより支配的で一貫しているか、ということです。あるいは、その時々の人間や社会の現実の中で、「今ここで語られる主のみこころ」を証しするために、聖書の真理のどの側面をより強調して語るかという課題もあります。聖書に、ローマ人への手紙とヤコブの手紙の双方があるようにですね。水谷先生の説教の言葉と生き様は、その点で実に徹底しています。その都度一面的です。私などは「一方では……しかし他方では……」という言い方をしがちですが、決してそういう言い方をなさいません。それが多くの誤解や戸惑いを生む所以でもありますが、それは預言者的実存の徴です。[17]

それでは次に「召団の福音」が生み出される神学的パラダイム（信仰と思考の前提的枠組）を、私なりに考えてみたいと思います。

3 「召団の福音」の神学的パラダイムについての私論

グスタフ・アウレン『勝利者キリスト』（教文館、一九八二年／オンデマンド版二〇〇四年、原著一九三〇年）の贖罪論は、「召団の福音」の理解においてきわめて重要なもののように私には思われます。この『勝利者キリスト』には「贖罪思想の主要な三類型の歴史的研究」という副題がつけられています。著者のアウレンは、スウェーデンのルター派の神学者です。アウレンは、自ら属する西方教会の伝統にあるアンセルムスやカルヴァンの理解に代表される贖罪論は、新約聖書の本流にはつながらないとします。そして、十字架の出来事の中に、刑罰代受よりも悪の諸力に対するキリストにおける神の勝利を見ます。アウレンは、その贖罪論を古代教父（とりわけエイレナイオス）に見いだし、さらにその復興をルターの中に見ます。そしてそれが教会史の最初の一〇〇〇年間に支配的であったと考えられることから「古典的贖罪論」と呼んでいます。

水谷先生は、アウレンが語る「勝利者キリスト」（Christus Victor）の贖罪論に立っています。すなわち、西方教会の伝統にある合理的で法的な「刑罰代受説」（満足説）の贖罪の理解よりも、神がキリストにおいて悪魔の支配に勝利するという、ある意味で法的には合理的に説明し得ない二元論による贖罪論に立っているのです[18]。

それでは「勝利者キリスト」の贖罪論に立った場合、「刑罰代受説」から生まれる信仰姿勢と比較して、信仰生活にどのような特徴が生じるでしょうか。それについて「召団の福音」と「福音派の福音」との関わりで私の理解を述べてみます[19]。

1　「勝利者キリスト」の贖罪論に立てば、十字架の贖罪は、ただ罪を赦されて天国に行くという宣教の言葉にとどまることはありません。罪の赦しもそこに含みながら、サタンの支配からの解放と、罪のない御子の血という代価を払って神に買い取られた者として（主人／所有者が移行した者として）、「自分のからだをもって、神の栄光を現し」（Ⅰコリント六・二〇）、神の支配に服して生きる積極的な生き方が生まれます（参照、使徒二〇・二八）。

2　「刑罰代受説」では、「処女マリアから生まれ」（受肉）から「ポンテオ・ピラトのもとに苦しみを受け」（十字架）の間にある、ナザレで両親に仕えて暮らした歳月や（ルカ二・五二参照）、神の国を宣べ伝えた主イエスの地上の生涯の意義は薄くなります。あえて言えば、贖罪のためにはベツレヘムからゴルゴタの間の出来事は必要ないとすら言えます。しかし、「勝利者キリスト」では、イエスの地上の生涯は重要な意味を持ちます。イエスの地上の生涯の全体は、欲望による悪魔の支配との神の愛の戦いです。その点で贖罪論との関係でも、聖霊に満たされた者の生き方の模範としても重要な意味を持ちます。そこでは、神の御子の受肉に重い意味が与えられます。「受肉の神学」は福音派ではまだ十分に深められていないと思います

3　主イエスの生涯が悪魔に対する神の戦いであるなら、罪に対する神の怒りが満足されるという「刑罰代受説」の理解よりも、神の愛がすべてに打ち勝つといういのちの現実が強く貫かれます。「勝利者キリスト」の贖罪論は、神と悪魔の戦いにおいて、神の愛が勝利する宇宙論的なドラマです。これが神の愛のドラ

マであることは強調しても強調しすぎることはありません。神の愛ということを深くわきまえないと、二元論は「光の側と闇の側」という世界の二分法になります。「召団の福音」は、世界を神と悪魔の戦いの場と理解はしても、アメリカ的な覇権主義に装われた一部の福音派やカリスマ派の二元論や価値観とは大いに異なります。この世の世界観や価値観に対して「対抗文化的」なのです。ここで私が「対抗文化的」と言うことには、神の愛において世界を二分法で見ないということも含まれます[20]。

4　「刑罰代受説」はどちらかと言えば、罪を個人の個々の道徳的な過誤に見ます。それに対して「勝利者キリスト」では、悪魔に支配（隷属）されて、神に背を向け欲望（自己愛）に生きている人間という関係性に見ます[21]。そこで福音は罪の赦しによる救いであるとともに、苦悩と滅びからの解放の使信としても受けとめられます。救いはただ魂の救いだけではなく、肉体を含めた人間の全体性の回復として見られます。水谷先生は、人間の罪（自己中心性／欲望）を厳しく指摘しますが、別の観点では欲望の奴隷である人々を「被害者」と見ます。そこには罪と罪人の区別という醒めた客観的な視点も生じます[22]。

5　アウレンは、宗教改革者マルティン・ルターに「古典的贖罪論」の復興を見ますが、ルターの後継者はそれを失ったとします[23]。ある神学者によれば、教会の歴史で「勝利者キリスト」の贖罪論は、宗教改革の左派である「再浸礼派」（アナバプテスト）の信仰に流れ、現代に受け継がれています[24]。このことは非常に注目したいところです。アナバプテストの流れにある人々は、福音を生きることを大切にします。すなわち愛をもって徹底的に主イエスの生き様に従う弟子として生きようとします。そこにおいて、西欧の個人主義的な救いの理解ではない、信仰による対抗文化的な生活共同体の建設を大切にします。私は――少々自分に引きつけすぎるかもしれませんが――水谷先生の信仰的な系譜を、神の歴史における目に見えない地下水の流れとしては、メッツトリンゲンからバートボルへと続くブルームハルト父子や、彼らとほぼ同時代を生きたブルーダーホフ（兄弟団）の創始者エバハルト・アーノルトのような、その時代にあって他の惑星から訪れたような預言者的な存在につながるものとして見たいのです。

6　「召団の福音」において私にとって特徴的と思われるのは、「救いとは人間が神になるということだ」という信仰の理解です。そこでアダムの子孫である被造物としての人間が、第二のアダムであるキリストにおいて、「(世の滅びの欲から免れて）神のご性質にあずかる者となる」（Ⅱペテロ一・四）という約束の御言葉が語られます（参照、Ⅰヨハネ三・二）。これは正しく理解するならば聖書的な信仰です。[25] しかし、「救いとは人間が神になるということだ」という表現自体は、西方の伝統にある教会では、ほぼ聞くことはありません。いや異端的にすら聞かれかねません。[26] しかし、東方教会においては「神化」（セオーシス）は中心的な教理です。オリゲネス、エイレナイオス、アタナシウスなどの東方の神学者たちは、「神が人間になられたのは、人間が神になるためである」と語りました。ここで水谷先生は、ただひたすら聖書に沈潜することによって、西方教会的な伝統よりも東方教会的な伝統に近づきます。[27]

東方教会の神学者メイエンドルフによれば、東方には「神化」の神学はあるが「義認」の神学は育たず、西方には「義認」の神学はあるが「神化」の神学は育たなかったといいます。[28] 西方の伝統に育った水谷先生には「義認」の信仰とともに、不思議に東方的な「神化」の信仰があります。そこではむしろキリストを信じた者は、神の最高法廷で一度限り無罪の判決を受けるという、聖書に基づいた（ローマ三章等）、西方の法的で合理的な「義認」の信仰は、宣教の前面からは後退して薄くなる印象すらあります。[29]

ある神学者が東方教会の「神化」の信仰は、西方教会的に言えば「キリストに倣いて」（イミタティオ・クリスティ）になると語っています。[30]「召団の福音」においても、福音による救いは、義認による罪の赦しを焦点とするよりも、人間が創造された目的である「神のかたち」（エイコーン）の回復にあります。それは聖霊の新しい創造にあずかってキリストを模範として生きることにあります。そこでは最初の創造によって与えられた良い面を教育によって開花させるという面も強いように私には感じられます。[31]

7　そのような「召団の福音」において、「伝道」とは何でしょうか。それは私たちの罪を赦すキリストの十字架の福音の宣教です。しかし、ただ罪の赦しを信じて天国に行くことを語るだけでなく、神は愛し合う世界づくりを願っておられるという、その神の創造目的、罪を赦された救いの目的を伝えることです。伝道とは、自分の生き方と、自分が変えられた証しをもって、人々を神のみこころである愛し合う世界づくりに、その旅の仲間に加わるように招き入れることなのです。水谷先生においては、自分を犠牲にする主イエスの愛の生き方を、聖霊の力によって自分の生き方で再現して見せることも含めて、その全体が福音です。そして、全精力を傾けて、ご自身がその福音を生きています。

私もまた、人間の救いの目的は、神の御子であり、人として第二のアダムであるキリストにおける、御子のご性質にあずかる「神のかたち」（エイコーン）の回復にあることを信じます。そこにおいて私は心から神を賛美します。ただ義認論に関わることでは、私には「召団の福音」との間になお少しく神学的、というよりも魂の緊張があります。ここではそれに深入りすることはしません。ただ、かつて哲学者の森有正がどこかに書いていた、トマス・ア・ケンピスの『イミタティオ・クリスティ』に心を打たれながら感じていた違和感、それと似た思いが私にもあります。[32]そのことは、パウロ研究のいわゆるニューパースペクティブとの関わりにおいても、私にとって課題であるように思えます。ニューパースペクティブは、「義認」を個人が信仰によって罪を赦されるというよりも（それも含みますが）、イスラエルとの契約とそのメシアによって世界を救う神の計画に罪人を招き入れる行為として考えます。最近、日本にも紹介されるようになった英国のN・T・ライトもニューパースペクティブに立つ神学者です。日本伝道会議においても、N・T・ライトの義認論をめぐって議論があったようです。私は聖書理解としてはニューパースペクティブに共感するところがあります。そして、それは伝統的な福音の理解と必ずしも矛盾しないと考えています。ただニューパースペクティブに立った場合、それが九九％未信者である日本の国で、どのように人々をキリストを信じる悔い改めと救いに導き入れる地域教会の伝道メッセージになるのか、なおはっきりとそのアウトラインが見えてきません。

いずれにしても、私は恵泉塾という地において、ただひとつの尊い御名と、そのお方の恵みのいのちにあって喜びつつ途上を歩んでいます[33]。

ある日、余市豊丘の野に咲く花々をながめながら犬散歩をしているとき、どこからともなく「義人は信仰によって生きる」（ローマ一・一七）という御言葉が、新しい声の響きで聴こえてきました。それはそれまで知っていた信仰義認の証拠聖句としてではありませんでした。神の恵みの中で「義人は信仰によって生きる」のは当然のことなのです。キリストにおいて、神と交わりながら、御霊によって「信仰によって生きる」人が「義人」なのですから。それは遣わされた地に根づいて、その道を歩いている私の全身を包むように、風に揺れる野の花々が語ってくれたことでした。

むすび

主なる神は、人間の創造と救いについて、「わたしの栄光のために」、「わたし自身のために」(参照、イザヤ四三章)と一貫して語られます。すべてはインマヌエルの神の側からの愛の熱情によって成ります。

水谷幹夫先生は、聖書を身読する際も、日常を生きる際も、全身をそのお方の側に傾け、そのお方の喜びとなすところ、悲しみとなすところに、内住のキリストの霊によって、自らを重ねます。その信仰は、その根本動機において徹底して神中心です。父ブルームハルトのように「扉を激しく叩き続ける」ようにして終わりの日を待つ姿、子ブルームハルトのように「約束を知らぬこの世のために、『約束の門番』として、『長子』として、前衛として、希望をたずさえて立」ち続けている姿に私は感動します。[34] そこから、信仰は「私のため」のものか「神のため」のものか、と私たちは問われます。それは神の喜びのためですが、真の意味では私たちのためでもあります。あの放蕩息子のたとえの祝宴が、放蕩息子のための祝宴ではなく、和解(シャローム)を創り出すための父親の愛がついに実ったことを祝う「神のための」宴会であることを知ることが、弟息子と兄息子が和解して同じ恵みの食卓につくために、両者にとって決定的に重要であるように。[35]

私は恵泉塾にあって、大通りと交差する小道のように自分自身を感じています。その交差する神のいのちの「場」(トポス)を今の自分の心身をもって生きることが私の神学です。キリストにある私という小さな流れは、キリストにある大きな流れに合流しながら、この時代に流れる聖霊の地下水につながって、日々新しく活かされるでしょう。多くの言葉を連ねても語り尽くせず、語るほどにただ貧しさを覚えるだけです。しかし、いのちだけが持つ尊敬と平和と緊張の中で、語られないところにこそ、信頼と委ねがあります。すべての栄光がただ神にのみあるようにお祈りします。

註

（1）惠泉塾での生活に余生を献げて生きようとした私にとって、札幌キリスト召団への転籍は当然ではあっても副次的なものであり、「召団」の福音に向き合い、それを語るということは、あらかじめ意図したことではありませんでした。

（2）あくまでも私が聞き、また語ってきたという意味であり、「福音派の福音」なるものが定義されるかたちであるわけではありません。

（3）聖霊体験をめぐっては、拙ブログ「どこかに泉が湧くように」内の「ペンテコステに備えて(2)――水谷先生の聖霊体験をめぐって」(http://spring496.blog.fc2.com/blog-entry-234.html) を参照。そのほか、同ブログのカテゴリー「水谷惠信先生の福音」内の記事を本書の補足としてお読みください。

（4）以下、本書において「召団」という場合、それは「札幌キリスト召団」を指します。

（5）それと同時に父ブルームハルト以来、メットリンゲンからバート・ボルへと続く主の祝福のただ中で語られた、『ボル』のキリスト教などというものが、あるべきではない」、「ボルに死ね」という子ブルームハルトの戒めの言葉を、私はいつも心に刻んでいます。井上良雄『神の国の証人 ブルームハルト父子』（新教出版社、一九八二年）十一章「キリスト教的肉との戦い――『死ね、さらばイエスは生き給う』」を参照。

（6）本書において「従順」や「信従」という言葉がよく使われます。現代の多くの教会において最も欠けているものの一つが従順だと私は思います。しかし反面、現代社会においては、時に教会でさえ、その仕組みや情報によって、人は自由に見えながら従順であるように飼いならされています。そういう現実の中で、私が「従順」と言うのは、御子イエスご自身がお受けになった多くの苦しみによって学ばれたと言われている従順（ヘブル五・八）、すなわち御父のみこころへの「信従」のことであり、主のご主権への委ねです。それは、主イエスに倣って愛すること、仕えること、と言い換えられます。ですから、今の教会に従順が欠けていると言うとき、互いに愛し仕え合うことが失われているということを私は考えています。

（7）私の文章は時の限界の中で貧しい理念の言葉で書かれます。しかし、「神の国はことばにはなく、力にある」（Iコリント四・二〇）のです。信仰生活の現実において「堅く信仰に立って、悪魔に立ち向かう」（Iペテロ五・九）ために必要なのは、神学的な議論ではなく、そこに鳴り響く根源的な声（原音）です。「（現実の戦いでは）いかに『千葉道場』の竹刀で免許皆伝でも役に立たない。キリストの陣営で真剣を抜いて勝負をして、手傷を負った者にしかわからない。野武士の方が役に立つ」（水谷幹夫）という言葉は、今日における主に従うための神学への重い問いかけです。私はようやくそれを悟りつつありますが、なお自分に曖昧な観照者的・批評家的態度をも感じています。

（8）韓国人教会でカリスマ的な霊的体験を高調する人々に私は隣人への愛の眼差しよりも、他者に勝る霊力を求める自己愛を感じました。そこにあるのは「御霊の実」よりも「肉の行い」でした（参照、ガラテヤ五章）。また競争社会を生きて福音派の活動主義に疲れた人々の霊性への渇きや観想的なあり方も、隣人愛という行動に向かわなければ、生活に根を持たない「自分探し」（自己追求）になると思います。

（9）パウロの「ミュステーリオン」の新共同訳聖書の訳。新改訳聖書は「奥義」と訳します。詳しくは本書第Ⅱ部で扱います。

（10）恵泉塾の主要な作業に、有機肥料による「農」があります。それは生業であるよりも互いに愛し合う祈りとしての労働の場ですが、自給自足で完結する営みではなく、祭司として地に仕えて、その生産物をもって世に命を流す目的でなされています。強い終末の意識を持ちながら、同時にエデンの回復というエコロジカルな文化創造の実践を行うことの求心力と遠心力として愛があります。これは「農」に限らず、恵泉塾の働きに共通することです。エデンの回復（福音の文化を広めること）に関する終末論的考察については次の本を参照。G. K. Beale and Mitchell Kim, *God Dwells Among Us: Expanding Eden to the Ends of the Earth*, IVP, 2014.

(11) 違いがどうでもいいという意味ではなく、どこに立って何を見つめているかということの共感、表現の言葉の違いはあっても同じいのちに触れていると思える心身の感触、またいまだ私の知らない霊的現実を見たり、聴いたりしていると感じる思いを喜びとします。聖書が語るように「知る」ということは、ただ知的なことではなく、とても人格的、身体的なもので、それは終わりに向かい、恵みによる時熟に至るプロセスです。

(12) 恵泉塾や札幌キリスト召団の群れでは、早朝二時間のデボーションがあり、聖書を一章ずつ読み、教えられたことを分かち合いながら学び祈ります。専門的な聖書研究がますます身体性を失い、情報としての言語を扱う技術のようになりつつある今日、私は言葉の身体性を求めて、聖霊の導きの中で、日々の生活に即して、聖徒の交わりにおいて御言葉を身読することを教えられています。

(13) 柘植不知人（一八七三～一九二七年）は、パゼット・ウィルクスの説教によって回心し、神戸聖書学舎（現・関西聖書神学校）でバックストンの薫陶を受けた人で、ホーリネス・リバイバルの中心人物の一人。日本基督伝道隊（活水の群れ）の創始者。恵泉塾で『聖歌』（日本福音連盟）が使われていることもリバイバルの伝統にある古い福音派との親近性を示しています。しかし、それもまたある一面における親近性だと言われなければなりません。

(14) 福音派は多様化していますから、「現代の福音派キリスト教」と一括りにすることはできません。ただ以下に論じるような福音理解と全体的な雰囲気において共通したものがあると思います。

(15) ユダヤ教の学者アブラハム・ヘッシェルが「聖書は人間の歴史ではなく、神の経験の歴史である」と語っているのも同じ意味だと思われます。「神の側から読む」ということの要点は、神の嘆き、悲しみ、悲哀、悼みを共に感じる、すなわち聖霊によって神の憐れみの熱情（コンパッション）を内奥に宿すということであり、人間が神の立場に立つということではありません。私自身は、心を病んだ塾生と関わる思いにおいて、神の前での自分自身の姿を鏡に映すように見せられ、「聖書を神の側から読む」ということを学ばされています。

(16) ジョン・F・マッカーサー・ジュニア『イエスの福音――イエスの語った救いのメッセージとは――』（創英社／三省堂書店、二〇一一年）を参照。

(17) それは父ブルームハルトの特質でもありました。宣教において健全な教理的なバランスを保持することは重要です。しかし、信仰告白としての神学の現実的な「場」での課題は必ずしも教理的バランスではありません。「あの頃の私は間違っていた。異端的ですらあった。しかし、まさにその点において私は正しかった」というカール・バルトの言葉を思い起こします。

(18) 堕落後の世界の現実における二元論であり、善と悪は永遠から存在したという二元論ではないことは言うまでもありません。

(19) 現代における「勝利者キリスト」の擁護論として、James Beilby and Paul R. Eddy ed., *The Nature of Atonement* (IVP, 2000) 所収の、グレゴリー・A・ボイドの論文は要点をまとめて優れています。日本語で読めるものでは、『新キリスト教辞典』（いのちのことば社、一九九一年）の上沼昌雄氏による「贖罪、贖罪論」の項もアウレンと対話している好論文です。上沼氏は結論的に「古典理論を中心にラテン理論の面を取り入れ、調和させていく必要がある」と書いておられます。「古典理論を中心に」ということは、福音派に限らず、宗教改革につらなる西方教会的な伝統の中では非常に思い切った言い方であるはずです。「刑罰代受」を擁護する書物として次を参照。レオン・モリス『新約聖書の十字架』（山口昇訳、聖書図書刊行会、一九七七年）、John R. W. Stott, *The Cross of Christ*, IVP, 2006; Simon Gathercole, *Defending Substitution: An Essay on Atonement in Paul*, Baker Academic, 2015.

(20) 二分法は「9・11」以降の世界を特徴づけるイデオロギーです。キリスト教会でも、冷戦時代であれば、（聖書に基づいて）自由主義世界を光（神）の側、共産主義世界を闇（悪魔）の側と考えるような思考、現在であれば、キリスト教世界を光（正義）、イスラム教世界を闇（悪）と見るような考え方、またいわゆる「地域の霊」という教えや、それに基づくひとりよがりな行動には、二分法的なイデオロギーによる思考があると私には思われます。これと関わり、イエスの奇跡はいつも愛のしるしであり、ただ霊力を示す業ではありませんでした。イエスは多くの力ある業をなさいましたが、癒しを目的とした集会をなさったことは一度もありません。十字架の上で力の奇跡が起きなかったことが、究極の愛の奇跡であり、それが福音です。

(21) 福音派でも「罪」は「的外れ」（ハマルティア）として語られますが、具体的には心の思いに由来する種々の道徳的悪（参照、マルコ七・二一、二二等）として説明される場合が多いと思います。パウロは罪を神からの離反、神なしでも生きられるという根源的な関係で考えていて、「ハマルティア」を単数形で使うことが多く、「あれこれの罪」という意味で複数形で使うことは少ないことも留意したいところです（五九回の用例中、複数形は七回のみ）。ただ私にとって「罪」とはなお「神の前に告白するあれやこれやの恥ずべきこと」という思いがあります。「罪」の理解については、Scot McKnight, *A Community Called Atonement*, Abingdon, 2007, pp. 46, 47; N. T. Wright, *The Day the Revolution Began: Reconsidering the Message of Jesus's Crucifixion*, HarperOne, 2016, pp. 97–103を参照。

(22) これは父ブルームハルトの特徴でもあります。井上、前掲書、一一八、一八八頁。拙ブログ「どこかに泉が湧くように」(http://spring496.blog.fc2.com/) 掲載の『神の国の証人 ブルームハルト父子』覚書」(一九八二年)をも参照。特に「父ブルームハルトに対する幾つかの疑問」。

(23) アウレンの見解は、ルター派を代表するものではありません。ルター自身に関しても、その継承のいかんに関しても、当然ながら異論もあります。

(24) 註19のグレゴリー・A・ボイドの論文によります。

(25) 神と人との「絶対的な質的差異」(神は人ではなく、人は神ではない)を語る聖書は、神の御子が私たちの長子として永遠に神であり霊のからだを持った人である方になられ、霊のからだを与えられた人間が神の永遠のご性質にあずかる希望を語っています(ローマ八・二九)。その意味で「神化」の希望は聖書的な信仰です。ただその表現には十分慎重でなければならないと私は考えます。たとえば、人間が「父のふところにおられるひとり子の神」(ヨハネ一・一八)である御子にあって、神を「アバ、父」と呼べる子とされ、「キリストに似た者」となるということと、神の御子ご自身の神であり人であるご性質とはなお区別されなければなりません。また、東方の神学者たちが峻別したように、「神化」は人間が個性を失い、汎神論的に神の本質に吸収されることではなく、あるいは神の「本質」(ウーシア)と同じくなることではなく、神と結び合わされ、恵みによって与えられる神的生命の「働き」(エネルゲイア)に参与することであるということは、きわめて重要です。

恵泉塾の朝の学びで「私は、太陽の光を反射させる月のような存在でありたい」と語った者に対して、水谷先生が即座に「いや、私たちは自らが発光体でなければならない。内住のキリスト!」と言ったのを、私は驚きをもって聞きました。ただ水谷先生は「人が神になる」という理解に関する私の個人的な質問に対して、聖霊の力による神の生命の「働き」のことというより、神の子としての「身分」や「立場」のことを考えていると言いました。

(26) 実際、その言葉に「つまずいた」人もいると聞きます。人づてにそれを聞いた人から「非聖書的」と断ぜられたということも聞きました。私自身、惠泉塾に来る前、身近な教会ではそういう言葉を聞いたことはありませんし、自分で語ったこともありません。

(27) 父ブルームハルトについての言葉を思います。「そのことは、西方教会の伝統からの逸脱というようなことではなくて、むしろ西方教会の伝統の枠の中では展開されなかった福音の真理の一側面が、彼に対しては、その素朴な聖書への信頼のゆえに、開示されたということではないだろうか」(井上、前掲書、一三二頁)。ウェスレーの影響も考えます。清水光雄『ウェスレーの救済論――西方と東方キリスト教思想の統合――』(教文館、二〇〇二年)は、ウェスレーにおける西方と東方の「同時共存性」や「二重性」を歴史的な観点を踏まえて明らかにしています。清水氏によれば、バルト神学の線で改革派信仰に立つ佐藤敏夫氏は『キリスト教概論』(新教出版社、一九九四年)出版後、ウェスレーの聖化論をもっと全面に出すべきであったと反省し、宗教改革の義認・和解という法的視点にとどまらず、聖霊論に基づく新生・聖化・栄化という治癒的視点が日本の神学界でもっと強調されるべきだと語ったそうです。同じく改革派の神学者ヘンドリクス・ベルコフも、キリスト者の完全を主張するウェスレー神学を西方の伝統は真剣に受け取るべきだと書いているとも言われます。私自身は、穏健カルヴィニズムとでも言うべき神学的雰囲気に育ち、ウェスレーに関しては神学的には無知なままに「アルミニアン」として消極的な評価しか持たないできました。それによって信仰生活において重要な聖化論に――というよりも聖霊ご自身の働きに――正しく向き合うことがなかったと感じています。

(28) 鈴木浩訳『ビザンティン神学――歴史的傾向と教理的主題』。このことを初めに私信で教えてくださった、今は閉じられたブログ「のらくら者の日記」の主人に感謝します。

(29) あくまでも伝統的に理念化された義認論に照らしてのことです。カルヴァンやルターの活きた霊的教説においては、義と認められることと、御子の姿に似た者になることとは、「太陽の光と熱のように離すことのできないもの」(ケヴィン・ヴァンフーザー) でした。
(30) *New Dictionary of the Theology* (IVP, 1988) のジェラルド・ブレイによる"Deification"の項。ブレイは「神化」の信仰における人間論 (罪論) には、カルヴィニズムで言う「全的堕落」という理解はなく、むしろ人間には罪に汚されていない「神のかたち」に造られた良い面が残っているという理解があるとも語っています。
(31) 人間 (自分) にはまったく愛がないがゆえに、聖霊によって注がれる神の愛を流すほかはないという徹底した自己認識と無者としての神信頼が、それに共存しています。
(32) 森有正は晩年近く、安らかな死を妨げるものとしての罪について繰り返し語り、無教会の旧約学者である関根正雄はそれを森有正の「福音主義的根性」と呼んでいました。森有正が語った「罪」とは、彼が自分の生き方を内的な促しに従って「誠実に」貫いたことにおいて犯したきわめて具体的な事実に関わっていると私には思われます。森有正が『イミタティオ・クリスティ』に感じた違和感は、彼の改革派信仰から来る罪の赦しの救いの理解によると私には考えられます。その戦いは、森有正が講演集『光と闇』(日本キリスト教団出版局、一九七七年) に深い共感をもって引用しているように、あの義人である矢内原忠雄の最期にもあったことを夫人が証言しています。「義認」と「聖化」の間に、あるいは「義認」と「神化」の間にある緊張した関係、それは私にとっては単なる教理問題ではなく、恵泉塾での信仰生活において、また自分の地上の命の最期の日々に向かうなかで、聖書の救いの福音に関わってきわめて大切な信仰的な問いかけであり、いのちの課題です。
(33) 西方の伝統的な「義認」の理解は、罪人が無罪と認められる法的な行為です。ニューパースペクティブは、そのような義認論は中世のカトリシズムに対峙したルターの経験からパウロを理解していると批判します。ニューパースペクティブにおいても「義認」は罪人を無罪とする法的な行為ですが、それはイスラエル契約とそのメシアによって世界を救う神の計画に、その人を招き入れるための行為です。「勝利者キリスト」（Christus Victor）の贖罪論に立つグレゴリー・A・ボイドは、義認論においてニューパースペクティブに近い立場です。「古典的贖罪論」（「勝利者キリスト」）と、「義認」をイスラエルのストーリーの中で考えるニューパースペクティブの義認論には神学の内的構造において親和性があるのかもしれません。義認論に関して、伝統的な改革派の立場や進歩的（修正的）改革派の立場に加えて、ニューパースペクティブの立場、東方教会の「神化」の立場、ローマ・カトリック教会の立場の神学的な対話として次の書物があります。James Beilby and Paul R. Eddy ed., *Justification: Five Views*, IVP/SPCK, 2012. 福音主義の聖書学者たちが、ニューパースペクティブの立場からパウロの教説を私たちの生き方や宣教につなげたものとしては次の書物を参照。Scot McKnight and Joseph B. Modica, *The Apostle Paul and the Christian Life*, Baker Academic, 2016.

（34）井上、前掲書、一七九、三八七～三八八頁。

（35）この視点は、ケネス・E・ベイリーの放蕩息子に関する著作によって教えられました。福音が弟息子と兄息子を分けるためのものではなく、兄息子をも父の家の食卓に招き、父との和解において両者をひとつにするものであるとすれば、二人の息子の和解のためには――とりわけ兄息子が和解の食卓につくためには――それがだれのための祝宴であるかを理解することは決定的に重要です。

第Ⅱ部　神の秘められた計画

――パウロの「平和の福音」について――

わたしたちはこの御子において、その血によって贖われ、罪を赦されました。これは、神の豊かな恵みによるものです。神はこの恵みをわたしたちの上にあふれさせ、すべての知恵と理解とを与えて、秘められた計画をわたしたちに知らせてくださいました。これは、前もってキリストにおいてお決めになった神の御心によるものです。

――エフェソの信徒への手紙一章七～九節（新共同訳）

はじめに

本書第Ⅰ部のもとになった文章が機関誌『波止場便り』に掲載された同じ年、「人類救済の歴史と惠泉塾」という全体主題でもたれた小さなセミナーで、新約聖書の書簡から語る機会が与えられました。そこで私は、惠泉塾の宣教と生活にとって大切な意味を持つ、すなわち「水谷幹夫の福音」にとってきわめて重要な使信である「神の秘められた計画」について、パウロのエペソ人への手紙（エフェソの信徒への手紙）から話しました。第Ⅱ部はその講演に基づいています。

＊　　＊　　＊

「人類の救済」ということは聖書全体の中心メッセージですが、その表現自体は教会で広く一般的に使われているとは思えません。「人類の救済」という言い方には、世界中の一人でも多くの人が福音を信じて救われるようにというだけではなく、本来ひとつである「人類」がキリストにあって回復されるという信仰も込められているように思われます。「人類」はもともとひとつのものですが、憎み合い、蔑み合い、傷つけ殺し合ったりしています。そういう互いを隔てる敵意の壁が取り除かれて、キリストをかしらとして愛し合うひとつの共同体としての「人類」の回復、すべての人間の愛の交わりとしての「人類」の回復、そういう神が人間を創造なさった目的が回復されることへの信仰と希望が、「人類の救済」という言い方に込められていると思います。その回復のために神は、この歴史において働いておられます。

私がクリスチャンとして生まれ育ったのは、いわゆる福音派の教会ですが、そこでは「人類の救済」という言い方はあまり聞かれません。福音派の特徴は個人の魂の救いにあります。つまり、「私」や「あなた」という一人ひとりの個人が、キリストの十字架の身代わりの死を信じることによって、罪を赦され、永遠のいのちを与えられて天国に行くということが福音派の宣教の要点です。福音派において最も大切な質問は、「あなたはイエス・キリストを、あなたの個人的な救い主として信じていますか?」ということであり、最も大切な証しは、「私はイエス・キリストを私の個人的な救い主として受け入れています」ということです。そこには、「すべて造られた者に福音を」(マルコ一六・一五)という強い伝道への促しが生まれます。イエス・キリストを信じるということは、伝道による個人の回心ということを離れてはあり得ません。しかし、そこでは神の創造目的の回復としての「人類の救済」ということはあまり意識されません。というよりも「人類の救済」といった言い方は、救いのメッセージの個人的な焦点を曖昧にするように受け取られてきたと思います。これには教会や神学の歴史が深く関わっていますが、ここではそれには触れません[1]。

札幌キリスト召団においても、信仰や救いが神の前における一人ひとりのことであることは、おそらくどの教会よりも強く語られていると思います。キリスト教国やクリスチャンホームに生まれたからクリスチャンだとか、洗礼を受けているからクリスチャンだということにはならない。その人自身が、悔い改めて、キリストを信じ、神の喜ばれる愛の行いに生きることが大切である、ということです。その意味では、無教会の流れにある「召団」は福音派以上に福音的かもしれません[2]。ただ福音派の福音理解においては、キリストによる救いの目的が、個人が罪を赦されて天国行きの切符をもらうということで終わりがちです。私たちはどういう目的で救われたのか、キリストを信じて救われた者がこの世においてどう生きるべきかは——まったく語られないということではありませんが——救いの福音そのものの理解の中では語られない傾向があります。ということは、キリストを信じて救われた者がどう生きるべきかというクリスチャンの生活と実践が、この歴史と時代における福音宣教の課題と結びついていない、ということでもあります[3]。

札幌キリスト召団では、ただ私たち一人ひとりがキリストを信じて救われるだけでなく、その救いの究極の目的は「異なる者たちがキリストにあって互いに愛し合ってひとつになる」ところにある、と教えられます。神の「人類救済」は、やがてキリストが再臨されるとき、新天新地において「新しいエルサレム」において完成されます。ヨハネの黙示録で、神の救いの御業の完成が「新しいエルサレム」という都市のイメージで描かれるのは、人類の最も至福に満ちた完成が、贖われた者たちの交わりである共同体にあるからです（二一・二）。都市は人間の交わりである共同体を象徴します[4]。

それはまた一人ひとりの個人であるとともに、キリストの花嫁として（参照、黙示録二一・二、九、Ⅱコリント一一・二）、ひとりの新しい人（エフェソ二・一五）、ひとつとされた人類です。神のその救いの御業、創造目的は、今すでに聖霊によってこの世で始まっており、それが男と女、全世界の異なる人種や民族の者たちから成るキリストの教会です。そういう意味で、教会は私たち一人ひとりがこの世で信仰を守り養い天国に行くためにあるのではなく、教会という人間の交わりそれ自体が「キリストにあって互いに愛し合ってひとつになる」という神の救いのご計画の実現です。御父が御子を世に遣わされたように、教会も世に仕えるために遣わされているキリストのからだです（参照、ヨハネ一七・一八）。使徒たちの働きは、ただ一人ひとりの個人を天国に送り込むというだけでなく、キリストの救いの御業によって贖われた者たちが互いに愛し合って生きる教会共同体に、ひとりでも多くの人々を招き入れるためのものでした(5)。そこで私たちが個人としても、またキリストのからだという交わりとしても、キリストの似姿に変えられていくこと、御父のみこころに生きること、それは御霊のみわざ、聖霊の新しい創造です。

それでは、これまで述べたような観点から、「使徒たちの働きと人類の救済」という与えられた課題をご一緒に考えてみます。新約聖書の書簡全体からと言うと焦点を定めにくいので、私たちの目的に最もふさわしいメッセージが語られている「エフェソの信徒への手紙」を中心にしてお話しします。まず「エフェソの信徒への手紙」について簡単に説明します。

序論　「エフェソの信徒への手紙」と「パウロの福音」

「エフェソの信徒への手紙」は、紀元六〇年ごろ使徒パウロによってローマの獄中から書かれました。パウロは、みこころの「秘められた計画」の「使者」、「大使」として大胆に福音を、すなわちキリスト・イエスを宣べ伝えたために鎖につながれています。「パウロの福音」（参照、ローマ二・一六、Ⅱテモテ二・八）は、イスラエルに与えられた契約において、ユダヤ人だけでなく異邦人も救われて、真のイスラエルであり、真の神殿である主イエス・キリストを長子とする御父のひとつの家族になる、全人類が救われるというものです[6]。

パウロはもう晩年に近かったでしょう。当時の世界の中心、帝国の都ローマで幽閉されたなかで、だれにも妨げられることなく、ただキリストだけにつながれて、神のみこころを深く考えています。そこで自分がそのために召され、命を賭けて生きてきた人類を救う主のご計画の奥義を書き記し、教会に送るように示されました。それは、教会とは何か、教会とはだれか、ということでした。「あらゆるものがキリストにあってひとつにされる。キリストこそが互いに敵対し、分裂したものを結び合わせる中心であり絆である」という福音の真理です。狭い牢獄にひとり囚われの身であったパウロは、全世界に広がるキリストのからだである教会を、みこころの「秘められた計画」を信じて、神の国の前進を、聖霊の新しい創造を内と外に見つめながら、ひざまずいて祈っていました[7]。

パウロや水谷先生の熱情とは比べられるはずもありませんが、私も余市恵泉塾という日本の片隅の狭い世界に身を置いて、まず身近で共に生きる兄弟姉妹から始めて、互いに敵対し、分裂したものがひとつになる、全世界に広がるキリストのからだである教会を想っています。

それでは次に「エフェソの信徒への手紙」を中心にして、「神の秘められた計画」とは何かということを、もう少し深めて考えてみましょう。

1　「神の秘められた計画」とは何か

まず、「エフェソの信徒への手紙」一章三～一四節をお読みします。

3 わたしたちの主イエス・キリストの父である神は、ほめたたえられますように。神は、わたしたち
をキリストにおいて、天のあらゆる霊的な祝福で満たしてくださいました。4 天地創造の前に、神は
わたしたちを愛して、御自分の前で聖なる者、汚れのない者にしようと、キリストにおいてお選びにな
りました。5 イエス・キリストによって神の子にしようと、御心のままに前もってお定めになったの
です。6 神がその愛する御子によって与えてくださった輝かしい恵みを、わたしたちがたたえるため
です。7 わたしたちはこの御子において、その血に贖われ、罪を赦されました。これは、神の豊かな
恵みによるものです。8 神はこの恵みをわたしたちの上にあふれさせ、すべての知恵と理解とを与えて、
9 秘められた計画をわたしたちに知らせてくださいました。これは、前もってキリストにおいてお決
めになった神の御心によるものです。10 こうして、時が満ちるに及んで、救いの業が完成され、あら
ゆるものが、頭であるキリストのもとに一つにまとめられます。天にあるものも地にあるものもキリス
トのもとに一つにまとめられるのです。11 キリストにおいてわたしたちは、御心のままにすべてのこ

とを行われる方の御計画によって前もって定められ、約束されたものの相続者とされました。12 それは、以前からキリストに希望を置いていたわたしたちが、神の栄光をたたえるためです。13 あなたがたもまた、キリストにおいて、真理の言葉、救いをもたらす福音を聞き、そして信じて、約束された聖霊で証印を押されたのです。14 この聖霊は、わたしたちが御国を受け継ぐための保証であり、こうして、わたしたちは贖われて神のものとなり、神の栄光をたたえることになるのです。

「異なる者がキリストにあって互いに愛し合ってひとつになる」ことは、神が「天地創造の前に」（四節）、「キリストにおいて」（三、四、九、一一、一三節）定められたみこころの「秘められた計画」（九節）であり、神の人類創造の目的です。私たちは、神の子として、その「秘められた計画」を実現し、「神の栄光をたたえる」（一二、一四節）ために救われました(8)。

九節で「秘められた計画」と訳されているのは、ギリシア語の「ミュステーリオン」という言葉です。英語で言えば「ミステリー」です。「ミュステーリオン」という言葉は、新約聖書に二八回使われています。そのうちの二一回はパウロの手紙に出てきます。パウロの手紙以外で使われている七回のうちの三回は福音書で、イエス様がたとえ話を説明して「あなたがたには天の国（神の国）の秘密を悟ることが許されているが、あの人たちには許されていない」（マタイ一三・一一、マルコ四・一一、ルカ八・一〇）と言われる場面で「秘密」（新改訳「奥義」）と訳された言葉です。他の四回は「ヨハネの黙示録」に出てきます（一・二〇、一〇・七、一七・五、七）。イエス様のたとえ話は、神の国の働きが進展する様は、この世では不信者の目には隠されているということ、ヨハネの黙示録一〇章七節ではその隠された神の国が目に見えるかたちで完成される様が「ミュステーリオン」として描かれています。福音書と黙示録一〇章七節の「ミュステーリオン」は、パウロが語る神の「秘められた計画」と深い関わりがあるように思われます。

パウロが使う二一回の「ミュステーリオン」という言葉の、そのうち六回は「エフェソの信徒への手紙」に使われています（一・九、三・三、四、九、五・三二、六・一九）。ひとつの書簡としては、「コリントの信徒への手紙一」（二・一、七、四・一、一三・二、一四・二、一五・五一）とともに最も多いのですが、「異なる者がキリストにあって愛し合ってひとつになる」という意味での「ミュステーリオン」は、「エフェソの信徒への手紙」で最も明らかに示されていると言えます。

それでは改めて一章九節をご覧ください。新共同訳が神の「秘められた計画」と訳しているところを、新改訳や岩波訳は「御心《みこころ》の奥義」と訳しています。「御心の奥義」のほうがより直訳的です。「秘められた計画」は、よりわかりやすく解釈を加えた訳です。「シークレット・プラン」という英訳に通じます。「奥義」と言われると、どこか神秘宗教にも通じるかのような深遠で普通の人には理解できないといった感じがありますが、「秘められた計画」だと「なるほど。それまで秘められてきたというのは、いったいどんな計画だろう」と思います。原文には「御心の」という言葉がありますから、「御心のうちに秘められた計画」ということです。

もうひとつ、新改訳と新共同訳の大切な違いが、その前の八節にあります。新改訳は、八節から「この恵みを、神は私たちの上にあふれさせ、あらゆる知恵と思慮深さをもって、みこころの奥義を私たちに知らせてくださいました」と訳しています。神がご自身の「あらゆる知恵と思慮深さをもって」、その「奥義」を私たちに知らせてくださった、ということです。新共同訳は「神はこの恵みをわたしたちの上にあふれさせ、すべての知恵と理解とを与えて、秘められた計画を私たちに知らせてくださいました」と訳します。そこでは「すべての知恵と理解」は、「秘められた計画」を悟るために、神から私たちに与えられるものです。文法的にはどちらの訳も可能です。私は新共同訳をとります。つまり、神の「秘められた計画」を知るのは、人間の知力や理解力にはよらず、恵みの神が聖霊によって与えてくださる「すべての知恵と理解」とによるということです[9]。

そのことを含めて、「エフェソの信徒への手紙」で「秘められた計画」について、熱く深い思いを込めて語られているのが三章です。一～一三節を読んでみましょう。

1 こういうわけで、あなたがた異邦人のためにキリスト・イエスの囚人となっているわたしパウロは
……。2 あなたがたのために神がわたしに恵みをお与えになった次第について、あなたがたは聞いた
にちがいありません。3 初めに手短に書いたように、秘められた計画が啓示によってわたしに知らさ
れました。4 あなたがたは、それを読めば、キリストによって実現されるこの計画を、わたしがどの
ように理解しているかが分かると思います。5 この計画は、キリスト以前の時代には人の子らに知ら
されていませんでしたが、今や〝霊〟によって、キリストの聖なる使徒たちや預言者たちに啓示されま
した。6 すなわち、異邦人や福音によってキリスト・イエスにおいて、約束されたものをわたしたち
と一緒に受け継ぐ者、同じ体に属する者、同じ約束にあずかる者となるということです。7 神は、そ
の力を働かせてわたしに恵みを賜り、この福音に仕える者としてくださいました。8 この恵みは、聖
なる者たちすべての中で最もつまらない者であるわたしに与えられました。わたしは、この恵みにより、

キリストの計り知れない富について、異邦人に福音を告げ知らせており、9 すべてのものをお造りになった神の内に世の初めから隠されていた秘められた計画が、どのように実現されるのかを、すべての人々に説き明かしています。10 こうして、いろいろの働きをする神の知恵は、今や教会によって、天上の支配や権威に知られるようになったのですが、11 これは、神がわたしたちの主キリスト・イエスによって実現された永遠の計画に沿うものです。12 わたしたちは主キリストに結ばれており、キリストに対する信仰により、確信をもって、大胆に神に近づくことができます。13 だから、あなたがたのためにわたしが受けている苦難を見て、落胆しないでください。この苦難はあなたがたの栄光なのです。

三節の「秘められた計画」は、四節では「キリストによって実現されるこの計画」と言われています。新共同訳はここでも説明を加えた翻訳をしています。原文はただ「キリストのミュステーリオン」です。「キリストというミュステーリオン」と言ってもいいでしょう。パウロにとっては、イエス・キリストというお方が、神の「奥義」、「秘められた計画」なのです。パウロは、「コロサイの信徒への手紙」一章二七節で「その（秘められた）計画とは、あなたがたの内におられるキリスト、栄光の希望です」と語っています。大切なのは「恵み」や「愛」という抽象的な言葉ですらありません。キリストというお方の唯一の御名です。[10] キリストというお方こそが、九節で言われている「すべてのものをお造りになった神の内に世の初めから隠されていた秘められた計画」です。ですから「互いに愛し合ってひとつになる」と言うとき、「キリストにおいて」（エン・クリストー）という終末論的現実が決定的に重要です。[11] それは一つの「御子の霊（聖霊）によって」（ガラテヤ四・六）ということと同じキリストによる新しいいのちの事態であり、「パウロの福音」

においては「律法において」（すなわち、異邦人がユダヤ人と同じようになることによって）というユダヤ主義者の主張に対峙します[12]。この意味で「神の秘められた計画」の核心は、私たちがいかに生きるかということに先立って、まず何よりもその根拠といのちの場を創出した神からの恵みの出来事、すなわち「父のふところにいる独り子である神」（ヨハネ一・一八）がイエスという人となり（受肉）、私たちの罪のために苦難の僕として十字架に死に（受難）、神によってよみがえらされて（復活）、王であるメシア（キリスト）とされたということにあります[13]。それがペンテコステのペテロの説教であり（使徒二・二二〜三六）、パウロが最も大切なものとして告げ知らせた「福音」です（Ⅰコリント一五・一〜五）。

印象的なことは、八節でパウロは自分のことを「聖なる者たちすべての中で最もつまらない者」と呼んでいることです。「最もつまらない者」とか「一番小さな私」（新改訳）と訳される言葉は、最上級の比較級というかたちをとっています。普通、最上級には比較級はありません。比較するものがないので最上なのです。これはパウロの造語、パウロが自分で造った言葉の形だと言われています。それによって、パウロは、自分がキリストを知ったのも、「秘められた計画」を悟ったのも、キリストの「計り知れない富」（八節）を宣べ伝えているのも、すべては恵みによることで、ユダヤ人に対しても、異邦人に対しても、自分にはまったく誇るところはないと言いたいのです。これは、「キリストにある」パウロの福音宣教の立ち位置であり、神の「秘められた計画」は、パウロであれだれであっても「聖なる者たちすべての中で最もつまらない者」という「キリストにある」立ち位置からしか語れません[14]。

結論的に言いますと、「エフェソの信徒への手紙」に語られている「秘められた計画」（ミュステーリオン）は、天地万物を創造された神の内に世の初めから隠されていたものです。それは人間の努力や才能で理解できるものではなく、神の啓示によって知らされるものです。ですから、神が示されるとき、だれでもすべての人が知ることができます。その神の「秘められた計画」とは、ユダヤ人と異邦人が、ただキリストを信じることによって、ユダヤ人はユダヤ人として（ユダヤ人が異邦人になるのではなく）、異邦人は異邦人として（異邦人がユダヤ人になるのでもなく）、異なる者たちが真のイスラエルであり、真の神殿であるキリストにあって互いに愛し合ってひとつとなる、新しい神の民、新しい神の家族となるということです。

それでは次に、神の「秘められた計画」ということを、私たちの平和であるキリスト、人類和解の共同体としての教会という観点で考えてみましょう。

2　キリストは私たちの平和（エフェソ二・一四〜二二）

まず「エフェソの信徒への手紙」二章一四〜二二節をお読みします。

14 実に、キリストはわたしたちの平和であります。二つのものを一つにし、御自分の肉において敵意
という隔ての壁を取り壊し、15 規則と戒律ずくめの律法を廃棄されました。こうしてキリストは、双
方を御自分において一人の新しい人に造り上げて平和を実現し、16 十字架を通して、両者を一つの体
として神と和解させ、十字架によって敵意を滅ぼされました。17 キリストはおいでになり、遠く離れ
ているあなたがたにも、また、近くにいる人々にも、平和の福音を告げ知らせられました。18 それで、
このキリストによってわたしたち両方の者が一つの霊に結ばれて、御父に近づくことができるのです。
19 従って、あなたがたはもはや、外国人でも寄留者でもなく、聖なる民に属する者、神の家族であり、
20 使徒や預言者という土台の上に建てられています。そのかなめ石はキリスト・イエス御自身であり、
21 キリストにおいて、この建物全体は組み合わされて成長し、主における聖なる神殿となります。22
キリストにおいて、あなたがたも共に建てられ、霊の働きによって神の住まいとなるのです。

私たちが生きている社会や世界には、数えきれない敵意という隔ての壁があります。最近、コリアンタウン的な雰囲気もある東京の新大久保で「韓国人は出て行け」というデモが盛んになって緊張した様相を呈していると報道で知りました。何千人も集まるらしく、札幌にも飛び火して多くの人が集まったと聞きました。ネット右翼というらしいですね。深い考えもなく、ネットで煽動されて日ごろの鬱憤を晴らしている。ナチスが政権を握ったときを思います。ベルリンの町にあふれていた失業者がいなくなり、アーリア民族の誇りを回復しました。みんな、キリスト教会も熱狂的にナチスを支持しました。六百万人のユダヤ人が殲滅されていても気づきませんでした。

新約聖書の時代、人間を互いに隔てる最も深い敵意の壁は、ユダヤ人と異邦人との間にありました。私たち日本人も異邦人です。しかし、ユダヤ人と異邦人の問題と言われても、遠い世界のことのようで身近に感じられません。ホロコースト（ユダヤ人大量虐殺）の歴史がある西欧では、これは今日に至るまで、聖書研究のような分野においても非常に神経を尖らさざるを得ない歴史と社会の問題です。身近に感じられないといっても、同じような敵意が私たちにないということではありません。ただそういう歴史と社会の経験がない、あるいはあっても気づかないというだけです。

たとえば惠泉塾という生活共同体も、今のところはほぼ日本人だけの、それもほぼ大和民族の単一文化です。そこに琉球民族が琉球の人として、アイヌ民族がアイヌの人として、韓国人、中国人、他の外国人が加わり、しかもお客さんとしてではなく、そういう後から加わった人たちが最初からいた人々よりも多くなるという状況になったらどうでしょうか。「異なる者がキリストにあって互いに愛し合う」ために、とても難しい生活や秩序の問題が生じてくるはずです。「こんなのは惠泉塾ではない」とか「もうそんな時代ではない」とかですね。お互いのために棲み分けということになるかもしれません。
新約聖書の手紙、たとえば「ローマの信徒への手紙」の背景にあるのは、それと似た教会の現実です。初期のローマ教会の中心はユダヤ人クリスチャンたちでした。そこに次第に異邦人クリスチャンが加えられていきます。そのころ、ローマ皇帝クラウディウスがすべてのユダヤ人をローマから退去させるように命じます。ローマ教会は異邦人クリスチャンの群れになります。やがて追放令が解かれてユダヤ人クリスチャンたちがローマに戻って来ますが、教会は最初からのユダヤ人クリスチャンよりも、もう異邦人クリスチャンの数のほうが多いのです[15]。そこで問題が起きます。ユダヤ人クリスチャンと異邦人クリスチャンの民族的・文化的な違い、信仰理解の違いから生じる問題です[16]。「ローマの信徒への手紙」は、神学的・教理的に読まれることが多いのですが――そして確かに深い神学的な議論がなされていますが――その背後にあるのは、非常に現実的、具体的な教会の分裂問題です。「異なる者たちがキリストにあって互いに愛し合ってひとつになる」という課題です[17]。

聖書によれば、最初人類は、男と女として、互いに愛し合って生きる交わりとして造られました。アダムとエバが神の戒めに背いて罪を犯すまでは、憎しみも蔑みも、最初の人類にはありませんでした。人間の堕落後も、ユダヤ人と異邦人という区別はありませんでした。しかし、罪に染まった人間は、欲望に支配されて次第に真の神から離れ、空しい偶像を礼拝するようになります。偶像礼拝の現実は大洪水の後も変わりませんでした。人間はますます真の神に背を向けていきました。そこで神は、アブラハムという人を召して、その子孫が真の神を礼拝する民として、偶像を拝んでいる諸国の民に神の祝福を伝えるようにされました。ですから、もともと異邦人という言葉には排他的な響きはありませんでした。ユダヤ人は、弱小民族でありながら、いやそれだからこそ、世界の光として、世界のためにとりなす祭司の民として、世界に対する神の祝福の基となるように、神に愛されて選ばれたのです。しかし、ユダヤ人は、その恵みによる特権を空しい人間的な誇りに変えました。自分たちこそが神に愛されている正しい、聖なる民である。異邦人は、神に愛されない汚れた者たちで、人間の名に値しない野良犬のような存在である。神は、地獄の火を燃やす薪にするために異邦人を造ったという言い方すら生まれたようです。

それでは、異邦人の側はユダヤ人をどう考えたでしょうか。ギリシア人は、自分たち以外の者を「野蛮人」（バルバロイ）と呼びました。ギリシア語の「バルバロイ」は、英語の「バーバリアン」（野蛮人）のもとになった言葉で、擬声語です。訳のわからない、教養の欠片もない言葉を話す野蛮な連中です。聖書の時代のあるローマの歴史家は、ユダヤ人を「諸々の民族のうちで最も軽蔑すべき、野蛮で邪悪な民族である」とののしっています。「ユダヤ人は趣味が悪く、かついやしい」という言葉も見られます。その理由は「自分たちにとって神聖なことがユダヤ人にはなんら神聖ではなく、自分たちに禁じられていることをユダヤ人は平気でする」、「他の人類を、あらゆる憎悪を込めて敵とみなす」といったことです。皇帝クラウディウスの「ユダヤ人は出て行け」というヘイトスピーチはローマ市民に歓迎されました。

異質な人間や人種が出会うと、最初からそりが合わないとか、生理的に嫌悪感を覚えるということもありますが、初めのうちは珍しさも手伝って仲良くできるということもあります。お互いの違いもかえって新鮮に思えます。自分が長く悩んできたことが、文化が違えばまったく問題にならない。心地良ささえ感じます。しかし、そのうちイライラが募るようになります。ゴミの出し方から顔の洗い方まで、やることなすことみんな違うじゃないか、ということになります。同じ文化に育った人間にもそれはあります。文化が違えばなおさらですね。「郷に入ったら郷に従え」というのは、郷に入るべき側の心がけとしては確かにそのとおりでしょう。しかし、「あの人はとても良い人よ。日本人と何も変わらないもの」というのは、やはりどこかおかしい。なぜ日本人と何も変わらなければ良い人なのか。

八〇年代、日本がバブルの時代、ビザが自由になった関係もあって、多くの留学生や出稼ぎ労働者が韓国から日本に来ました。その中にはクリスチャンの数も多く、彼らは自分たちの礼拝の場所を求めていました。日本のある日本の教会が、自分たちが使わない時間に会堂を貸しました。当然、台所を使って食事をします。日本で堅苦しい思いをしたり、嫌なことも多かったりするわけですから、韓国料理を食べ、韓国語で大声で話し、同胞と交わり情報交換もするのが何よりの楽しみでしょう。すると、日本人との間に問題が起きたそうです。些細ながら重大な問題です。会堂全体がキムチ臭くなりました。「郷に入ったら郷に従え」で、韓国人にキムチを食べるな、韓国料理をするな、と言えますか。たかがキムチですが、昔、「在日」の子どもたちは、夕食にキムチを食べないようにしたそうです。学校で朝鮮人だとわかるので。今は日本人もキムチが大好きなので、それは本当にいいですね。しかし、教会堂全体がキムチ臭くなるのは受け入れがたい。結局、その教会は、韓国人に教会を貸すのをやめたと聞きました。どうぞ自分たちで礼拝の場所をつくってください、と。

人は相手が自分と同じ人間だと思えば、そう残酷なことはしません。憎しみや嫌悪を感じる相手がいると、そういう人々を人間以下の存在とみなします。人間以下なので、相手は何をするかわかりません。そのまま放っておいたら、危険で恐ろしい存在です。自分たちの近くから、あるいはこの世から消えてもらわなければなりません。そのために、まずその人の人格を貶める呼び名をつけます。「野蛮人」とか、「犬」とか、あるいは「異邦人」と言い方に軽蔑を込めるようになります。そういう言葉は、軽蔑や敵意の感情を伴って、その集団に共有されるようになります。日本人にとっては「チョーセン」という言葉がそうですね。蔑みの響きがあります。「バカチョンカメラ」などとも言われます。「バカでもチョン（朝鮮）でも」という意味ですね。先の戦争であれば、日本人はアメリカ人やイギリス人を「鬼畜米英」、鬼だ、畜生だと呼びました。逆の立場からは「ジャップ」ですね。「けだものを相手にするときは、けだものとして扱わなければならない」というアメリカ大統領の言葉が残っています。けだもの退治のための作戦は高貴な名で呼ばれ、使われる残虐な兵器にはユーモラスな名前をつけて、良心の痛みを和らげます。ヒロシマ型原爆は「リトルボーイ」（かわいい坊や）、ナガサキ型原爆は「ファットマン」（おでぶさん）でした。

「エフェソの信徒への手紙」二章をご覧ください。一四節に「実に、キリストはわたしたちの平和であります」と記されています。そこから一六節までの間に、キリストが十字架で成し遂げられたことが、六つの過去形で書かれています。一四節「（キリストは十字架で）二つのものを一つにされた」、「敵意という隔ての壁を取り壊された」、一五節「律法を廃棄された」、「双方を御自分において一人の新しい人に造り上げられた」、一六節「両者を一つの体として神と和解させられた」、「敵意を滅ぼされた」。

十字架において一回限り成し遂げられた、この六つの過去のみわざに基づいて、そこにひとつだけ現在形で書かれている言葉があります。一五節の最後にある「平和を実現し」という言葉です。キリストは、今、人類の間に、私たちの間に、十字架の贖いのみわざに基づいて、平和を造り出しておられます。どこに造っておられるのでしょうか。キリストは十字架で私たちを「一人の新しい人に造り上げた」と言っておられます。「一人の新しい人」というのは、私たち一人ひとりのことではなく、神と和解させられ新しくされた人間、私たち一人ひとりの交わりである教会のことです。最初に人類が、男と女として、互いに愛し合ってひとつとなって生きる交わりとして造られたように、キリストは十字架で、ご自分の肉において、私たちの罪を赦し、互いに愛し合って生きる人間の交わりとしての「一人の新しい人」をすでに造られたのです。そして、今この世において、そのご自身の平和のからだを造るみわざをなさっています。キリストにある「一人の新しい人」である教会において、「もはや、ユダヤ人もギリシア人もなく、奴隷も自由な身分の者もなく、男も女もない」(ガラテヤ三・二八)という聖霊の新しい創造がすでに始まっています(18)。

キリストの「平和」は、ギリシア語では「エイレーネー」ですが、その背後にはヘブル語の「シャローム」があります。「シャローム」という「平和」は、ただ争いがないという状態ではありません。すべての被造物が神に造られた目的や役割を満たして、全体が調和して、本当のいのちに満ち満ちている状態です。旧約聖書で「シャローム」は日常的な光景にも使われます。たとえば、自分たちが育てた果樹の下にみんなが集まって、その果実を喜びながら互いに和らいで過ごすとき、それは「シャローム」です。

李相和《イ・サンファ》という植民地時代の朝鮮の詩人が「奪われし野にも春は来るか」と詠いました。「緑が笑い、緑が哀しむ」という詩行は心に残ります。奪われた野にも、春は巡り来て、実りの季節も訪れます。しかし、敵に奪われた地に「シャローム」はありません。旧約聖書のより大きな「シャローム」のイメージは、イザヤ書の「狼は小羊と共に宿り」(一一・六)という終末的な光景ですね。「豹は子山羊と共に伏す。子牛は若獅子と共に育ち　小さい子供がそれらを導く。」新天新地は「シャローム」が満ちているところです。

「エフェソの信徒への手紙」は、「シャローム」をただ人間社会のことだけでなく、人間と被造世界の調和、宇宙全体の完成という大きな視野でも語っています。一章一〇節にこうあります。

こうして、時が満ちるに及んで、救いの業が完成され、あらゆるものが、頭であるキリストのもとに一つにまとめられます。天にあるものも地にあるものもキリストのもとに一つにまとめられるのです。人間と被造世界の調和ということについて、もうひとつ注目すべきことをあげておきます。一章二二節です。

神はまた、すべてのものをキリストの足もとに従わせ、キリストをすべてのものの上にある頭として教会にお与えになりました。

この御言葉は、旧約聖書の詩編八編七節（新改訳は六節）からの引用です。詩編八編は、神の創造の御業において、「御手によって造られたものをすべて治めるように、その足もとに置かれた」という、本来人間に与えられた地位や務めの素晴らしさを描き、「人間は何ものなのでしょう」と、それに驚嘆している詩です。神のかたちに造られた人間の心からの賛美ですね。

その神が最初のアダムに、すなわちアダムに代表される人類に託された創造のみこころは、罪によって傷ついてしまいました。そのみこころが最後のアダム、新しい人類のかしらであるキリストが高くあげられることにおいて、まったきかたちで実現し、神はそのキリストをかしらとして教会にお与えになったということなのです。つまり、教会こそがキリストをかしらとする新しい人類であり、創造者のみこころに従って被造世界を管理する務めを託されているということです。二章一〇節に、こう書かれていますか。

私たちは神に造られたもの（神の作品）であり、しかも、神が前もって準備してくださった善い業のために、キリスト・イエスにおいて造られたからです。わたしたちは、その善い業を行って歩むのです。

このキリストにあって新しく造られた者に神が備えられた「善い業」の中には、被造世界の管理ということも含まれています[19]。

それでは本論の最後として、人類の救済についてこれまで述べたことを、「使徒言行録」に記された初代教会の歴史において、聖霊の新しい創造による神の国の進展として跡づけてみます。

3 「使徒言行録」と神の国の進展

まず「使徒言行録」一章八節をお読みします。

「あなたがたの上に聖霊が降ると、あなたがたは力を受ける。そして、エルサレムばかりでなく、ユダヤとサマリアの全土で、また、地の果てに至るまで、わたしの証人となる。」

復活のイエス・キリストのこの約束の御言葉は、「使徒言行録」全体のアウトラインとも言われます。その前の文脈で弟子たちは、相変わらず神の国を「イスラエルのため」の国と考えていました（六節）。また神の国の実現を「それはいつですか」と時や時期を詮索しています（七節）。そういう弟子たちにイエス様は、神の国の宣教のヴィジョン、私たちの間に働く聖霊の贖いの力である神の国が、この地上の歴史と社会においてどのように前進するかを示されました。

「あなたがたは間もなく聖霊による洗礼《バプテスマ》を授けられる」（五節）という約束は、ペンテコステに成就しました。その日、弟子たちは聖霊に満たされて、世界の各地からエルサレムに集まっていた巡礼者に神の国の福音を語り告げました。ペンテコステのペテロの宣教は、ただ個人の罪の赦しだけではないのですね。罪を赦されて、近くにいる人も、遠くにいる人も、主イエスの弟子の交わりに加わりなさい、というメッセージでした。それを聞いた者の多くはエルサレムに巡礼に来ていたユダヤ人です。しかし、そこで起きたことは、聖霊が力をもって臨むとき人間を隔てる民族、文化、言語の壁が破られ、遠く隔てられて生きていた者たちが、ひとつの新しい神の民（共同体）になるということのしるしであり、前触れでした。アダムの罪によって傷ついた人間の愛の交わりが聖霊の新しい創造によって回復します。これがキリスト教会の誕生でありますⅲ[20]。

聖霊に満たされた弟子たちは、神殿の「美しい門」で、イエスの御名によって、足の不自由な人を癒しました（三章）。障がい者として宮に入ることを禁じられていた人です。その人と礼拝の民として共に歩き始めたのです。これは神の国のしるしです。私たちは、目に見えるところではいまだ癒されなくとも、障がいを持った人々とともに、神の民、礼拝の民として愛し合って歩みます。

やがて、ピリポの宣教によって、サマリア人との厚い憎しみと蔑みの壁が破られました（八章）。ピリポはまた聖霊に導かれて、エチオピア人の宦官に福音を伝えます。宦官は神殿に入ることが禁じられていました。また改宗者とはいえ異邦人です[21]。ピリポがこのような民族を超えた宣教に用いられたのは、彼がギリシア語を話すユダヤ人（ヘレニスト）として、狭い民族意識を超えた思考と行動ができたからだと思われます。ステパノもヘレニスト、外国で生まれ育って祖国に帰ったギリシア語を話すユダヤ人でした。彼が教会の最初の殉教者になったのは、ヘレニストとしての彼が、神の臨在はエルサレム神殿に限定されないという、後にパウロによって展開されるユダヤ民族を超えた教会論を大胆に語ったからです。これはステパノの法廷での弁明から明らかです（七章）。おそらく、ステパノやピリポのような外国から祖国に帰ったギリシア語を話すユダヤ人は、むしろ熱心な民族主義者だったはずです。祖国を慕って帰ったわけですから。ピリポにしても、ステパノにしても、外国で生まれ育ったヘレニストが福音の洗礼を受けたときに、その背景が活かされ、初代教会の異邦人伝道の地平を開拓したのだと思います。これはパレスチナ、本国に生まれ育った十二使徒たちには、まだサマリア人や異邦人への宣教の意識が生まれていない歴史的段階でのことです。

次いで、異邦人への使徒パウロの召命をはさんで、使徒ペテロがヤッファ（ヨッパ）で革なめし職人のシモンの家に泊まります（九章）。革なめしは、ユダヤでは汚れた職業に数えられます。徴税人や売春婦と同類の罪人と呼ばれていました。ペテロは「しばらくの間」（四三節）そこに滞在したと言われています。当然ペテロは、ユダヤ人としてタブーであった宗教的に汚れた罪人であるシモンと食卓を共にしたでしょう。それはペテロも儀式的（祭儀的）に汚れることです。

革なめしは、日本でも卑賤視された職業です。血を扱ったり、異臭がしたりするためでしょうか。東京ですと、隅田川の岸などで在日朝鮮人や非差別部落の人たちによって営まれていました。今、イスラエルに旅行すると、シモンの家と言われる場所があるそうですが、岬の突端のような離れたところだそうですね。川向こう、そこも近くにありながら、愛の届かない地の果てです。地の果ては、ただ地理的に遠くにあるだけでなく、具体的な隣人との関係で、私たちが住んでいる地域にもあります。

一〇章に画期的な出来事が記されています。エルサレム教会の指導者であったペテロが、異邦人コルネリウスと食卓を共にしたのです。異邦人と共に食卓につき、同じものを食べることは、ユダヤ人にとって最大のタブーでした。当時のユダヤ人だけではありませんね。たとえば、一九六〇年代の公民権運動以前のアメリカ南部で、最大のタブーは、白人と黒人（アフリカ系アメリカ人）の結婚、次は白人と黒人が同じ食卓につくことでした。それは命の危険を意味しました。今でも心の深いところは変わらないでしょう。イエス様が当時の社会で「罪人」と呼ばれた人々といっしょの食卓について、同じものを食べたことの意味を考えてください。

さて、コルネリウスの家で、ペテロが人々に神の国の福音を宣べ伝えているとき、御言葉を聞いていたすべての人々に聖霊が降りました。異邦人も、罪の赦しによる神との和解に招かれ、イエスの御名によって神の民に加えられます。そして、この異邦人宣教の務めはパウロに引き継がれます。コルネリウスの一件の後、初めて十二使徒のひとりが殉教します。ヘロデ王がヨハネの兄弟ヤコブを剣で殺します。そのことがユダヤ人に喜ばれます。次にペテロを捕らえにかかります。それまでは、使徒たちも、エルサレム教会のクリスチャンたちも、ユダヤ教の一派のように見られて、民に気に入られていました。そこで、ヘロデ王はユダヤ人を気にしてクリスチャンに手を出せなかったのですね。これをきっかけに、エルサレム教会のリーダーは、ペテロから、より先祖の伝統を大事にする主の兄弟ヤコブに代わります。ユダヤ人としての伝統を重んじようとしたのですね。

そこから「使徒言行録」の記述は、福音がユダヤ民族主義の壁を破って前進して行くとき、教会外のユダヤ人とキリスト教会の間に起きたこと、教会内の立場や背景が違うユダヤ人の間に起きたこと、また教会内でユダヤ人クリスチャンと異邦人クリスチャンの間で起きたこと、そして何よりもそのような現実の中で、歴史における神の贖いのわざの前進のために、聖霊がどのように働かれたかを示しています。それは一言で言えば、ペンテコステでしるしとして示された聖霊の新しい創造のみわざ、イエスの御名による和解のみわざ、異なる者たちが互いに愛し合ってひとつの神の民となるというみわざが繰り返されるということです。